AF239864

Erhard Roy Wiehn (Ed.)   How to become a hero

Erhard Roy Wiehn (Hg.)

How to become a hero

Count Stefan and Countess Elisabeth Gyulai saved the lives of five human beings and were honored as Righteous among the Nations in Rome 2019

Addresses during the ceremony and letters later

And two comments on Desider David Fischer's *Bunkerblätter* in German

Hartung-Gorre Verlag Konstanz

Front cover: Countess Elisabeth and Count Stefan Gyulai (Collection Avri Fischer). Printed by BoD, Norderstedt, Germany.

_**1939–2019**_
**80 Jahre Einmarsch der deutschen Wehrmacht in Polen –**
**Beginn des Zweiten Weltkriegs und der Holocaust-Schoáh**

Bibliographic information published by Die Deutsche Nationalbibliothek

Die Deutsche Nationalbibliothek lists this publication in the Deutsche Nationalbibliografie; detailed bibliographic data is available in the internet at http://dnb.ddb.de.

© All rights reserved / Alle Rechte vorbehalten
1st Edition 2019 / Erste Auflage 2019
Hartung-Gorre Verlag, Konstanz, Germany
ISBN 3-86628-657-0 / 978-3-86628-657-3

Contents

Avri Fischer: Righteous Among the Nations 7

Dr Ambra Tedeschi's address...................................9

Ambassador Ofer Sachs' address (Italian and English).....11/13

Yad Vashem Certificate.........................15

Avri Fischer's address 17

Dr Stefano Gyulai's address...................22

Adam Smulevich: *Current Affairs* report...................24

Professor Elisabetta Gyulai's letter 26

Attorney Alberto Gyulai's letter...................27

Ambassador Ofer Sachs' reply 27

Dr Stefano Gyulai's reply.........................28

Photo documentation 29

Appendix.........................43
Avri Fischer: Ein einzigartiges Tagebuch (Preface of the *Bunkerblätter*).......43
Original document: page 1 of the *Bunkerblätter* 50
Erhard Roy Wiehn: Die *Bunkerblätter* als Tröster (Epilogue) 51

Literature on Jewish fates in Slovakia and in the Czech Republic...................57

Desider David Fischer

Bunkerblätter

Ein Tagebuch im Hüttenversteck 1944/45
Jüdische Schicksale im 20. Jahrhundert
in der Slowakei

Vorwort Avri Fischer
Herausgegeben von Erhard Roy Wiehn
Hartung-Gorre Verlag Konstanz
2017

Avri's mother Lily, Avri and Avri's father Dr Desider David Fischer
in Bratislava 1935 (photo: Avri Fischer)

Avri Fischer

Righteous Among the Nations

Several years have passed since my first application to Yad Vashem until the summer of 2018, when the Counts Stefan and Elisabeth were recognized as Righteous Among the Nations. That final resolution came after the publication of my father's diary, which he wrote at the time of his hiding between September 1944 and April 1945, during the persecution and murder of Slovak Jews by Nazi Germany and its local collaborators. The handwritten diary in the German language has been computerized by Mrs. Klara Strompf, and it was Professor Erhard Roy Wiehn who edited the book and brought it to its final form. The book Bunkerblätter was published by Hartung-Gorre in March 2017 in Konstanz, Germany.

As the descendants of Count Stefan and Countess Elisabeth Gyulai live in Italy, the Israeli Embassy in Rome took upon itself to coordinate the awarding ceremony. That was done in close coordination with both the Gyulai and Fischer families. Prior to the event, we were delighted to hear directly from our Gyulai family counterparts that a large and respectable number of Stefan and Elizabeth Gyulai's descendants will take part in the planned ceremony. At that time, we began to roll out the idea of our participation in this ceremony; finally, six of us managed to set off to our journey to Rome.

While getting ready for our trip, we had no idea of the nature of our meeting with the Gyulai family; the unknown overshadowed the perceptible. However, from the first shaking of hands with the charming members of the Gyulai family at Piazza Navona in the heart of Rome, through the festive dinner on the eve of the ceremony and up to the ceremony itself, the uncertainty turned into a bright, heart-to-heart and luminous encounter. Beyond our joy of meeting eighteen grandchildren and great-grandchildren of my parents' rescuers, immediate

8

personal connections were formed between us all, and we all felt like in a reunion of old friends.

I thank the Gyulai family, as well as the Israeli Embassy and the Pitiliano Community Center for the exciting and unforgettable event.

And last but not least: heartfelt thanks to Professor Wiehn for his great interest in that memorable event and for editing and publishing this little book.

Kfar Masaryk, 25. August 2019

Countess and Count Gyulai's former villa 2017 (photo: Avri Fischer)

Dr Ambra Tedeschi's address at the ceremony in Rome[1]

Good afternoon and welcome to the Pitigliani to Israel Ambassador Ofer Sachs and to today's guests of honor, the descendants of the families of the Righteous Stefan and Elisabeth Gyulai and of the saved Jews: Dr David Fischer and his wife Lily Perl, Lily's brother Gustav Perl and a young couple Edith e Alexander Steiner; and to representatives of UCEI, CER and mostly to the guys and girls from Convitto Nazionale e della Scuola Ebraica.

We are here today to honor a couple who acted heroically saving a family from the Nazi genocide.

The Pitigliani has a long history that began in 1902 as Jewish Italian Orphanage; it maintained throughout its history a strong educational vocation, even if it is no longer an orphanage. And that is why we are all gathered here today, in this beautiful room, because the honor that the Ambassador will give has a strong educational value, it shows us how a "normal" person, just like all of us, can become a hero by acting so righteously.

This teaching is all the more important at this time that increasingly seems, in some contexts, to bring us back to the past and especially on this day 24th March, when we remember the massacre of the Fosse Ardeatine.

We must therefore be vigilant and never drop our guard, dear young friends! Let's always remember this warning!

In closing, I would like to thank everybody for their participation and for the touching words that have made us very emotional.

---

[1] Dr Tedeschi is the director of the Italian Jewish Center "Il Pitigliani", site of the ceremony.

Countess Elisabeth and Count Stefan Gyulai (photo: family Gyulai)

Address by H.E. Ofer Sachs, Ambassador of Israel in Italy

Cari amici,
Saluto e ringrazio tutti voi per la vostra presenza.

In questa occasione saluto e ringrazio la Direttrice del Pitigliani Dottoressa Ambra Tedeschi, per l'ospitalità e per aver accettato di fare da Maestro di Cerimonia. Saluto i rappresentanti dell'UCEI e della Comunità Ebraica di Roma. Un saluto e un ringraziamento particolari agli alunni e gli insegnanti delle scuole presenti, e alle famiglie dei Giusti e dei salvati, – le famiglie Gyulai e la famiglia Fischer – che sono qui con noi oggi per condividere questo momento intimo e familiare, ma al contempo dalla valenza universale.

Lo Stato d'Israele dal giorno della sua fondazione ha assunto l'impegno di ricordare gli orrori della Shoà, e di rendere eterno per le prossime generazioni il ricordo di quelle vittime. Israele però ha sentito il supremo dovere morale di conservare ANCHE la memoria di persone che in quell'ora, nel pieno del "male assoluto", non sono rimaste indifferenti alla sofferenza e al dolore umano.

Come molti di voi sanno, con una legge del 1953 (Mille novecento cinquanta tre) la Knesset, il Parlamento israeliano, ha fondato lo Yad Vashem: l'Autorità per la Rimembranza dei Martiri e degli Eroi dell'Olocausto. Sulla base di tre princìpi fondamentali, Yad Vashem assegna la medaglia di Giusto fra le Nazioni a coloro che:

1) da non ebrei, hanno salvato la vita ad ebrei durante la seconda guerra mondiale;

2) lo hanno fatto a rischio della propria vita;

3) non hanno mai ricevuto denaro o alcun compenso per quanto fatto.

Per questo, oggi siamo tutti convenuti qui, per onorare la memoria di Stefan ed Elisabeth Gyulai, per aver salvato da morte i 5 componenti delle famiglie Fischer, Perl e Steiner.

L'incontro fra le due famiglie qui oggi, in questa occasione, è per noi tutti la summa dal punto di vista umano delle azioni di quel bene assoluto compiuto allora in un periodo storico in cui, quel bene assoluto fu così raro.

E anche per me, sul piano personale, questo è un momento emozionante e significativo, che aggiunge un altro anello ancora al legame speciale che lega Israele e l'Italia.

Purtroppo in Europa ci furono solo poche persone come i Gyulai. Persone oneste e rette, che hanno scelto di fare la cosa giusta, non per vantaggio personale, ma per il senso di giustizia che era nei loro cuori. Ad oggi Yad Vashem ha riconosciuto in Italia 694 (Seicento Novanta Quattro) Giusti fra le Nazioni.

Anche Stefan ed Elisabeth, come tutti gli altri Giusti riconosciuti da Yad Vashem, hanno compreso di poter fare una scelta. Hanno mostrato a tutti noi che anche una sola persona può fare la differenza. Messi di fronte al bivio fra il bene e il male, hanno scelto il bene, hanno scelto la vita.

Per questo l'esempio dei Giusti come loro, è una candela che fa luce al nostro cammino.

Per queste persone, in ebraico diciamo: !יהי זכרם ברוך

Sia Benedetta la loro memoria!

Grazie a tutti.

Awarding

Sono molto onorato di consegnare al nipote Stefano Gyulai, la medaglia e questo attestato alla memoria dei "Giusti fra le Nazioni" Stefan ed Elisabeth Gyulai.

*

Dear Friends,[*]
I welcome and thank you for attending this ceremony.

I wish to greet Dr. Ambra Tedeschi, director of the Pitigliani Jewish Center and thank her for her hospitality and for acting as master of ceremony. I also welcome the representatives of the Union of the Jewish Communities in Italy and the Jewish Community in Rome.

I extend my special greetings to the students and teachers, as well as the families of both the Righteous family and those who were rescued, the Gyulai and Fischer families. They are here with us today in these moments of intimacy, which at the same time contain significant universal values.

Ever since its establishment, the State of Israel took upon itself to remember the horrors of the Holocaust and transmit and perpetuate to future generations the memory of the victims. Israel has also set its highest moral commitment to commemorate those, who at the time of "absolute evil" have demonstrated empathy with those who suffered persecution and anguish.

As many of you know, the Knesset, the Israeli parliament, decided in 1953 to establish Yad Vashem the World Holocaust Remembrance Center.

One of Yad Vashem's principal duties is to convey the gratitude of the State of Israel and the Jewish people to non-Jews who risked their lives to save Jews during the Holocaust. This mission was defined by the law establishing Yad Vashem, and in 1963 the Remembrance Authority embarked upon a worldwide project to grant the title of Righteous Among the Nations to the few who helped Jews in the darkest time in their history.

Yad Vashem grants the medal and a certificate of honor and their names are commemorated on the Mount of Remembrance in Jerusalem of Righteous Among the Nations on the basis of the following fundamental principles:

---

[*] A dear old girlfriend of the editor translated the text from Italian into German, Avri Fischer translated from German into English, and the former ambassador in Italy, Mr. Ofer Sachs, reviewed and modified the English version. (October 6/8 and 16, 2019)

1) To non-Jews who during World War 2 saved the lives of Jews;

2) Who in doing so have risked their own lives;

3) Who have not received any financial or other compensation for their deeds.

For this very reason we are here today. We are here to honor the memory of Stefan and Elisabeth Gyulai, who saved the lives of five members of the Fischer, Perl and Steiner families. The encounter of the two families here and now perpetuates the uppermost form of humanity shown in times of darkness, when pure righteousness was an exceptional phenomenon.

Being an important factor in strengthening the unique ties between Israel and Italy, this moment is meaningful and very moving to me as an individual, too.

Regretfully, in those years of awfulness in Europe not many men and women acted as honest and righteous human beings like the Gyulais, who decided to take action for a just case. They did so not for any personal benefit, but because of the sense of justice which prevailed in their hearts. Until today, Yad Vashem recognized 694 Righteous persons in Italy.

Stefan and Elisabeth knew – like other righteous men and women who were recognized by Yad Vashem – that they could make a choice. They showed all of us that even one individual can make the difference. At the crossroads between good and evil they have chosen the good, they decided on life.

Their act of such righteous people is like a candle, which illuminates our way.

For that kind of humans we say: may their memory be blessed!

Thank you all.

Awarding

It is my great honor to grant the medallion and Certificate of Recognition to the grandson Stefano Gyulai – in memory of the Righteous Among the Nations – Stefan and Elisabeth Gyulai.

YAD VASHEM

תעודת כבוד

Certificate of Honour

THIS IS TO CERTIFY THAT IN ITS SESSION OF
APRIL 23, 2018
THE COMMISSION FOR THE DESIGNATION OF THE
RIGHTEOUS, ESTABLISHED BY YAD VASHEM,
THE HOLOCAUST HEROES & MARTYRS'
REMEMBRANCE AUTHORITY, ON THE BASIS OF
EVIDENCE PRESENTED BEFORE IT, HAS
DECIDED TO HONOUR

וזאת לתעודה שבישיבתה
מיום ח אייר תשע"ח
החליטה הועדה לציון חסידי
אומות העולם שליד רשות
הזיכרון יד ושם
על יסוד עדויות שהובאו
לפניה, לתת כבוד ויקר ל

Gyulai Stefan &
Elisabeth

ג'ולאי שטפאן
ו-אליזבט

WHO, DURING THE HOLOCAUST PERIOD IN
EUROPE, RISKED THEIR LIFE TO SAVE
PERSECUTED JEWS.
THE COMMISSION, THEREFORE, HAS
ACCORDED THEM THE MEDAL OF THE
RIGHTEOUS AMONG THE NATIONS.
THEIR NAME SHALL BE FOREVER
ENGRAVED ON THE HONOUR WALL IN THE
GARDEN OF THE RIGHTEOUS, AT YAD
VASHEM, JERUSALEM.

על אשר בשנות השואה
באירופה שמו נפשם בכפם
להצלת יהודים נרדפים מידי
רודפיהם ולהעניק להם את
המדליה לחסידי אומות
העולם.
שמם יונצח לעד על לוח-כבוד
בחורשת חסידי אומות
העולם ביד ושם.

Jerusalem, Israel
July 9, 2018

ניתן היום בירושלים
כו תמוז תשע"ח

CHI SALVA UNA VITA È COME SE SALVASSE IL MONDO INTERO

Ambassador Ofer Sachs presents the Righteous award to Dr Stefano Gyulai, the representative of the family

Ambassador Ofer Sachs and Avri Fischer (photos: Eyal Fischer)

Avri Fischer's address[2]

• Doctor Ambra Tedeschi, director of the Italian Jewish Center "Il Pitigliani",
• His Excellency Ofer Sachs, Ambassador of Israel to Italy,
• Distinguished representatives of the Union of the Italian Jewish Communities and of the Roman Jewish communities,
• Members of the staff of the Israeli Embassy, and
• Dear Gyulai family, so beautifully represented in this unique event,
• students and guests,

A great honor befell on me by taking part in this exceptional event. I feel that at this moment, my family and I are escorted by the spirit of my dear late parents. Deep in my heart I sense that I speak on their behalf, too.

In commemorating the extraordinary deeds of Count Stefan and Countess Elisabeth Gyulai, please allow me to briefly present the circumstances in which they occurred.

In March 1939, a few months before the outbreak of World War Two, and following the collapse of Czechoslovakia, the new state of Slovakia, a pro-Nazi Germany political entity, came into being. From the very beginning, its existence fully depended on Germany; in addition to following the patterns of the Third Reich on both domestic and international levels, its armed forces joined in 1941 the German Wehrmacht in its operations on the eastern front. In the same year, the Slovak parliament enacted the so-called "Jewish Codex", a legislation which provided "legal" tools to the persecution of its Jewish citizens. That hounding actually began much earlier, and culminated in 1942: from March until October of that year, two thirds of nearly 90,000 Jews of Slovakia were deported to the

---

[2] All addresses at the ceremony in Rome, exept Avri Fischer's, were in Italian language.

Nazi extermination camps, where they went through all torments of hell.

Prior to that, in 1939, our family suffered a horrible loss: my uncle Gustav Fischer, doctor of law, was murdered by local anti-Semites on a street in Bratislava, the capital of Slovakia. In 1942, when the deportation of Jews to death camps in Poland began, our family was lucky enough to be allowed to remain in Bratislava; thanks to the fact that my father was a physician who served the local population at large, we were exempted from expulsion. However, we suffered many restrictions: due to prohibitions imposed upon Jews, we were forced to leave our midtown apartments one after another (because, according to the authorities those quarters of the city have been declared "Judenrein", i.e. "cleansed of Jews"), wear a visible yellow badge in the form of a Jewish star; our entrance into restaurants, coffee-shops or public parks was prohibited, our valuables have been confiscated; the Jewish elementary school which I attended was shut down; friendly relationships with non-Jews had to be cut off, and much more.

From 1941 until the summer of 1944 we lived in our family's house in the green outskirts of Bratislava. Five persons occupied that house: my parents, my mother's brother Gustav Perl and his non-Jewish wife Ica-Maria, and I. The house stood in the upper part of our garden, while the lower level of the garden was located just above the street called Búdkova. Our immediate neighbors were Count Stefan and Countess Elisabeth Gyulai and their sons and daughter, named (if I am not mistaken) Stefan, Albert, Franz and Irma. Unlike the setup of our property, their beautiful villa stood just above the street. A sizeable garden with lawns, flowers, shrubs and trees stretched uphill behind their house.

Going back to my childhood memories, I recall that the Gyulai villa seemed to me like a mansion. From time to time I saw the Counts' family over the fence, but as a child I never dared to talk to them.

For many years I knew nothing about any communication of my parents with our noble neighbors: Did they know each other on a personal level? Have they ever exchanged words between them? I had no idea. I learned about it only from my mother's letter – incidentally found about twenty years ago – which she wrote after the end of the Second World War to our relatives in the United States. She mentioned that prior to the summer of 1944, a friendly relationship between her and Countess Gyulai has developed: the two ladies dealt with certain health problems, as well as with the question how to face the intensifying bombardments and nearing frontline. At that time, they could not comprehend what was in store for us as Jews.

By the end of August 1944, when the Slovak uprising against the local pro-Germany government broke out, German forces took over Slovakia. In addition to their military forces, the Gestapo (the German secret police) and the infamous SS units engaged, together with the local "Hlinka Guards", in persecuting and deporting those Jews who still remained in the country to concentration camps, most of which were sites of systematic murder.

That was an alarming signal to our family to go into hiding. The critical question was: where to hide?

At that perilous time, our neighbors stepped in: Count Stefan and Countess Elizabeth Gyulai offered a dilapidated shack, located at the upper edge of their garden, which they used as a shed for storing wood and crates, as an eventual hiding place for us, their neighbors. At that time, the warnings issued by the authorities clearly stated that whoever extended a hand to assist Jews placed not only their own life at risk, but also the lives of their loved ones. Therefore, my parents suggested to the Gyulai family, that in case the hiding place would be discovered, its inhabitants would testify that they "invaded" the shack without the knowledge of its owners – while the counts would declare that for a long time they knew nothing about what was happening in the upper end of the garden and the shack.

Prior to the actual hiding, my parents told me forthright: "As you know, we all have to hide, because the Germans and their local collaborators want to kill all Jews. We are going to hide in a place which is not suitable for a child of your age. Therefore you will go to another place, to be protected by decent people, and stay with them until we meet again when war ends." But who would guess how long it will take until the end of the war? Moreover, nobody could have predicted whether he or she would survive. At that time I was less than ten years old, and the parting from my parents was very traumatic – but that story is not part of today's event.

*

Five persons – my dad and mom, her brother Gustav Perl and their friends Edith and Alexander Steiner – moved into the shack.

The location of the shack was vitally crucial for the survival of its inhabitants. Thanks to its place just across the fence from our villa, my non-Jewish aunt Ica-Maria Perl was able for a period of about seven months to pass through a camouflaged opening in the chain-link fence supplies of food and other necessary goods to those hidden in the shack. She did it with watchful alertness in both moonlit and inky darkness, in gloomy freezing nights, in rain and snow – thus putting her own life at risk. For her deeds, she was recognized as Righteous among the Nations.

The secluded shack in the Gyulai garden, less than twelve square meters in size, had neither installation of electricity nor water supply and toilets. The plain wooden roof and walls were without insulation. It's hard to imagine how the dwellers of the so-called "bunker" survived the harsh 1944-1945 winter months.

During the fierce battle for the liberation of Bratislava by the Red Army, the shack was on the verge of collapse, thus endangering its inhabitants' lives. One night, upon the Gyulai family's offer, they moved to a concrete structure next to an underground water reservoir near the counts' residence. They were liberated on April 4, 1945.

*

By the end of the Second World War in Europe, the pro-Nazi Slovak state seized to exist; Slovakia became again part of Czechoslovakia.

Due to that country's policy, the Gyulai family had to emigrate to another country. My parents never saw them again; however, extensive ongoing correspondence between Countess Gyulai and my mother took place. It indicated the everlasting compassionate spirit, which characterized both the Countess and Count Gyulai. They wrote to each other – in German – about various events and experiences, particularly within each of the families. (I wish to add that I remember having seen with my own eyes your dear grand- and great-grandmother's beautiful handwriting.) After the passing of Countess Gyulai, that correspondence went on with her daughter Irma and son Francesco, your father, whom I had the privilege to meet some twenty years ago at your estate.

*

In my numerous visits in Bratislava throughout the past 25 years, I guided with great fervor my family as well as interested friends to my parents' hiding place. In the course of these visits we commemorated those who were saved on that spot, and glorified those who sheltered them.

*

There is a remarkable saying in an old Hebrew text, written about eighteen hundred years ago: "Anyone who saves one soul, as if he/she saved the entire world." Graf Stefan and

Gräfin Elisabeth Gyulai saved the lives of five human beings. Their benevolence, nobility and courage should be praised as paramount humaneness in the darkest period in history.

Dear Gyulai family junior,

I believe that many good deeds of your grand- and great-grandparents' good fame have been and are being told from one generation to another. Please add to them their unique endeavor and empathy expressed toward other human beings, which should always be a source of your enormous pride. Together with their late son, your uncle and granduncle Stefan, who received a similar award in the early seventies in Vienna for saving numerous Jews in his estate in Slovakia, they were and will forever be Righteous among the Nations.

Dr Stefano Gyulai's address

On behalf of the whole family I thank His Excellency the Ambassador of Israel, Ofer Sachs, the Yad Vashem Institute and the Authorities present for having brought about this significant ceremony for the acknowledgment of our grandparents Stefan and Elisabeth Gyulai as 'Righteous Among the Nations'. We also wish to thank the Pitigliani Italian Jewish Center for hosting us today.

Special thanks go to the Fischer family, especially to Mr. Avri Fischer for preserving the memory of events that in different ways affected both our families during the gloomy years of World War Two. The Diary of his father Dr Desider David Fischer, which he edited and published,[3] bears witness to the state of mind and feelings expressed through the events of that difficult period.

---

[3] Desider David Fischer, Bunkerblätter – Einn Tagebuch im Hüttenversteck 1944/45. Jüdische Schicksale im 20. Jahrhundert in der Slowakei. Konstanz 2017.

All of us, in our family, feel honored and privileged to receive this important recognition assigned to our grandparents (and great-grandparents), whom we remember with much affection. We are not surprised to hear that during that period of anti-Semitic persecutions they were ready to provide a shelter for those that needed a hiding-place, regardless of the dangers that this involved. We remember them as persons, brave, supportive, and generous.

Grandparents Stefan and Elisabeth were reluctant to speak about those dramatic events, partly because it was painful to recall such a troubled period, but even more so they did not think it right to boast about something that should have been a moral obligation for anyone provided with humanity.

Finally, it is most gratifying to find that so many years later the two families are still in touch, and for this we thank the Fischer family, with whom we are proud to share a friendship that has been passed from one generation to the next.

The audience at the ceremony in Rome, March 2019 (photo: Eyal Fischer)

24

Adam Smulevich

Bratislava and the Nazi raids, the courage of the Gyulai accounts[4]

(From left) H.E. Ambassador Ofer Sachs, Dr Stefano Gyulai, Avri Fischer, Dr Ambra Tedeschi (photo: Eyal Fischer)

August 1944. These are the days of the ruthless Nazi repression, in Bratislava and its surroundings. For the Jews forced into hiding, very few doors are open. A rare exception is that of the palace of the counts Stefan and Elisabeth Gyulai, who host the Fischer family on their property. A story of courage with a happy ending, recognized by Yad Vashem with the attribution of the title of "Righteous Among the Nations" in memory of the Gyulai spouses. Today, in the frame of the Il Pitigliani Jewish Center in Rome, the official delivery of the certificate to the descendants during a ceremony marked, as

---

[4] Published in: *Current Affairs*, Moked, Jewish Press in Italy on 25 / 03/2019 – **5779**' ב אדר **18**

often happens in similar circumstances, with strong emotions. Present among others the six heads of family Gyulai (all grandchildren of the Righteous) residing in Italy, with their family members, Avri Fischer (with wife, children and family), son of the rescued David Fischer and Lily Perl. The medal and the Yad Vashem certificate were presented by Ambassador Ofer Sachs. Ambra Tedeschi, director of Pitigliani, will also intervene.

"It is a great honor to participate in this exceptional event. I feel that the spirit of my dear departed parents is here with me and my family. Deep in my heart I feel I speak even on their behalf", said Avri Fischer, a child at the time.

As mentioned today, when the Slovak uprising against the pro-German local government broke out, German forces took control of Slovakia. In addition to their military forces, the Gestapo and the infamous SS units dedicated themselves, along with the local "Hlinka guards," to prosecute those Jews who were still in the country and deport them to concentration camps, most of which were places of systematic murder. "That – the witness said – was the alarming signal that led our family to hide. The crucial question was: where to hide? In that moment of danger our neighbors came forward: Count Stefan and Countess Elisabetta Gyulai offered as a hiding place for us, their neighbors, a ruined shed, located at the upper end of their garden, which they used to store wood and crates. At that time, warnings from the authorities clearly warned that anyone who held out their hand to help Jews would put at risk not only their own lives, but also the lives of their loved ones.

Therefore, Fischer added, "my parents suggested to the Gyulai family that, if the shelter had been discovered, their dwellers would have declared that they had occupied the shack without the owners knowing about it, while the accounts would have declared that for a long time time they no longer knew what was happening in the upper part of the garden and in the shack.

The isolated shed in the garden of the Gyulai, less than twelve square meters, had neither the electrical nor the water or sanitation system. The simple wooden roof and the walls had no thermal insulation: "It is difficult – Avri said – to imagine how its inhabitants survived the harsh winter months of 1944-1945. During the fierce battle for the liberation of Bratislava by the Red Army, the barrack was on the verge of collapse, thus endangering the lives of its inhabitants. One night, on offer of the Gyulai family, the guests moved into a concrete structure next to an underground tank, near the residence of the counts. They were all released on 4 April 1945."

A beautiful story of solidarity and humanity now celebrated in the most solemn way.

Professor Elisabetta Gyulai's letter, following the ceremony in Rome

Dear Avri,
The ceremony at the Pitigliani Institute was so very beautiful and moving; it was an unforgettable experience. We thank you so much for what you did to remember our grandparents and to get our families to meet. It was very important also for our children. During the dinner on the 24th you told us a lot of things that we did not know about life in Bratislava during that difficult period and about our grandparents and I am very grateful for that. It is a pity that we all had such a short time together. It would be nice to see each other again. We will try to come to Israel if possible and we hope also to see you, Yardena, Yifat, Eyal, Eytan and Dana (and other members of your lovely family) here in Venice.

With heartfelt gratitude, best wishes to you and Yardena.
Elisabetta

Attorney Alberto Gyulai's letter, following the ceremony in Rome

Dear Avri,

Your words made me move and my thoughts and feelings are exactly the same after this unforgettable meeting between our two families.

First of all, we have been honored an proud of the attribution to our grandparents of the title of Righteous Among The Nations, that you made possible.

I'll keep forever in my mind and in my heart all the special moments we spent all together, the words you pronounced during the formal ceremony and the warm relationships that were immediately created among the members of our families.

In addition, you made us another great present: you gave me and my brother and sisters the opportunity to meet all together. It hadn't happened for many years for several reasons.

Now, let's stay in touch! I hope we'll have the opportunity to visit you and Yardena in Israel as soon as possible and to feed the friendship between us and our families.

Anyway, you are always welcome in Treviso!

Many greetings to you, Yardena and all the family and thanks again for all

Alberto

Ambassador Ofer Sachs's reply (translated from Hebrew)

Dear Avri,

Many thanks for your mail and warm words.

I consider it vital to mention, without any iota of cynicism, that the ceremony you attended was one of the most exciting and significant events during my term of duty in Italy.

There is no doubt that the way you portrayed the story of rescue, as well as the two unique families' attendance, made the difference.

Thank you for your persistence in making things happen.
I'll be glad to meet you in the future in Israel.
Best wishes,
Ofer

Dr Stefano Gyulai's reply to Avri Fischers request to get the list of members of the Gyulai family who attended the ceremony in Rome

Dear Avri,
as requested, I send you the following list:

Alberto Gyulai with Alessandra Taraborrelli and their children Costanza and Elisabetta,

Cristina Gyulai with Paolo Scarpa Bonazza Buora and their children Valentina and Beatrice,

Elisabetta Gyulai with Valerio De Scarpis and their children Valeria and Pietro,

Francesca Gyulai with Massimo Narduzzo

Stefano Gyulai with Lorenza da Pra and their children Lorenzo and Paola.

It was for all of us a great pleasure to meet you and your family.

I found it very interesting what you told me during the dinner on Sunday evening.

Best wishes to you and Yardena,
Stefano

Photo documentation

Alberto, Elisabetta, Francesca, Cristina, Stefano, March 2019

The families Gyulai and Fischer in Rome, March 2019 (photos: staff of the Israeli Embassy in Italy)

Countess Elisabeth and Count Stefan Gyulai with the children (behind
Elisabeth a relative; photo: family Gyulai)

Count Stefan und Countess Elisabeth with grand-daughter Elisabetta
(photo: family Gyulai)

Countess Elisabeth and Count Stefan Gyulai

Son Francisco, grandson Stefano III, Countes Elisabeth and Count Stefan Gyulai (photos: family Gyulai)

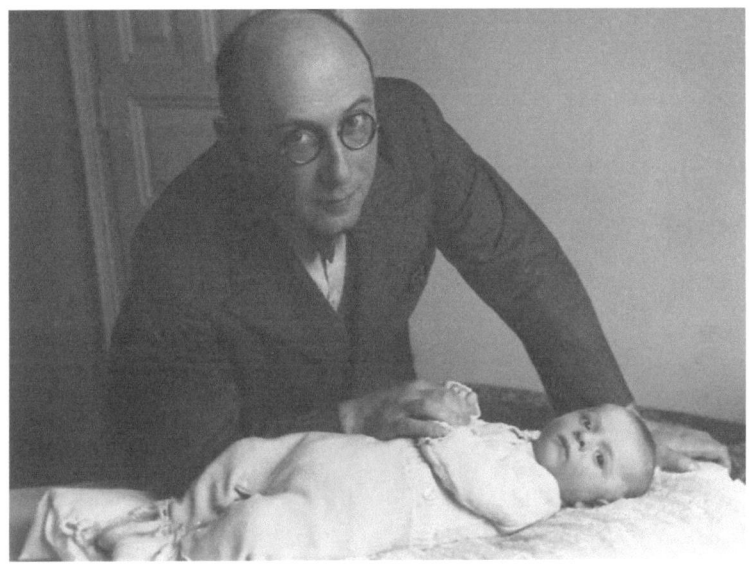

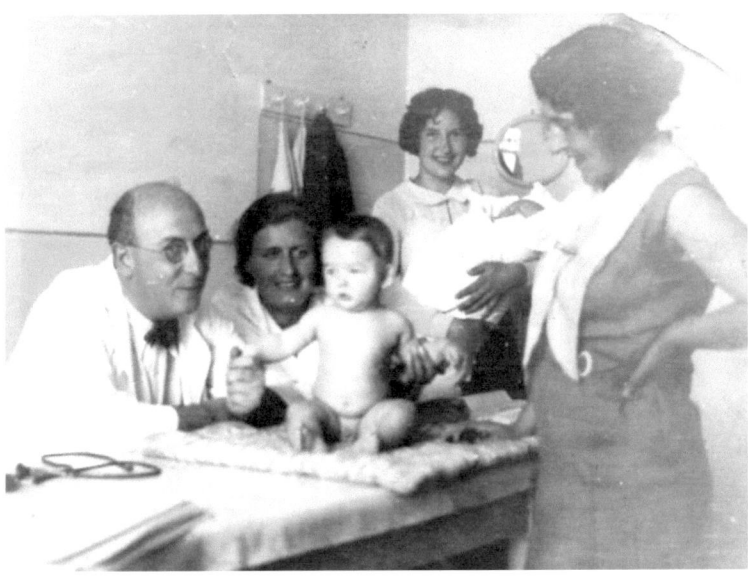

MUDr D. David Fischer and little Avri 1935 (above); with a little patient, mother and a nurse (Avri Fischer, private archive)

Dr D. David Fischer in Bratislava 1949 (Avri Fischer, private archive)

Dr D. David Fischer in his garden in Bratislava 1949 (Avri Fischer, private archive)

The Fischer-Perl-Villa in Bratislava (since ca. 1930): Ica and Gustav (Gusti) Perl were living in the fist floor, the Fischer family in the ground floor, ca. 1930 (above); entrance of the Fischer-Perl-Villa on the day of distruction, 7. September 2017 (photo above: Avri Fischer, private archive)

Eyal (from left), Avri, Yardena and Yifat on the place oft the dilapidated shack (Hüttenversteck) on September 7, 2017 (photo: Erhard
Roy Wiehn)

Avri Fischer on the place oft the *Hüttenversteck* in Bratislava on September 7, 2017 (photo: Erhard Roy Wiehn)

(Above from left) the editor, Mirjam Wiehn, Ambassador (ret) Yoel Sher, Avri Fischer, Yifat, Eyal Fischer Yardena Fischer, the former Slovakian Minister for Foreign Affairs Pavol Demeš; (below) the former Gyulai-Villa; in the the grey building on the right SS men were located (photos: Michal Vanek, Deputy director of the Museum of Jewish Culture, Bratislava)

Invitation poster of the Museums of Jewish Culture in Bratislava to the book presentation of Desider David Fischer's *Bunkerblätter* on September 7, 2071

Avri Fischer on the entrance of the Museum of Jewish Cultur in Bratislava on September 7, 2017 (photo: Erhard Roy Wiehn)

Erhard Roy Wiehn (Hg.)

<u>Jüdisches</u>
<u>Überlebenstagebuch</u>
<u>mit Spätfolgen</u>

Vom Bunkerblätter-Tagebuch aus Bratislava 1944/45
zur Baumpflanzung im Kibbutz Kfar Masaryk 2017
bis zur Buchvorstellung in Bratislava 2017
Ansprachen, Tagebuchnotizen, Fotos

Hartung-Gorre Verlag Konstanz

2018

Avri Fischer

Ein einzigartiges Tagebuch aus einem Versteck in der Slowakei 1944/45[*]

Historischer Hintergrund

Der Slowakische Staat, ein Verbündeter und Handlanger Nazi-Deutschlands, wurde im März 1939 nach der Auflösung der Tschechoslowakei gegründet, die im Jahre 1918 auf den Ruinen des früheren österreichisch-ungarischen Reiches entstand.

Bald begann dieser junge Staat, in das Leben seiner jüdischen Bevölkerung einzugreifen und ihnen zahlreiche Einschränkungen aufzuzwingen. Die Anordnung des sogenannten "Judenkodex" vom September 1941 – der in manchen Punkten sogar die berüchtigten Nürnberger Gesetze von 1935 übertraf – gab der Regierung auch die "juristischen" Instrumente zu ihrer antijüdischen Politik und deren Umsetzung: Verbot des Wohnsitzes in bestimmten Gebieten; der Zwang zum Tragen des gelben Sterns; die Enteignung des "arisierten" jüdischen Eigentums, wodurch die nichtjüdische Bevölkerung in dessen Besitz kam; der Verschenkungszwang wertvoller Gegenstände wie Schmuck, Pelze usw.; Aufenthaltsverbote auf öffentlichen Plätzen; Ausgangssperre und vieles andere mehr; schließlich ihre körperliche und geistige Zerstörung. Als Gipfel folgten die Konzentration der jüdischen Bevölkerung in Sammellagern und ihre Deportation in Konzentrations- und Vernichtungslager jenseits der Grenzen der Slowakei, vor allem in Polen.

Zwischen März und Oktober 1942 wurden von der jüdischen Gesamtbevölkerung von etwa 90.000 fast 60.000 Menschen deportiert. Die verbliebenen Juden sind weggezogen oder wurden in einheimische Arbeitslager verbracht, wo sie verschiedene Güter herstellen mussten, die für die NS-Kriegsmaschine bestimmt waren. Andere sind illegal über die Grenze nach Ungarn gelangt, wo es seinerzeit noch eine relative Sicherheit gab. Fachleute wie Wirtschaftsexperten, Ingenieure, Ärzte u.a. erhielten durch den Präsidenten oder Behörden besondere Arbeitserlaubnisse, wodurch sie und ihre Familien bis zum Sommer 1944 vor der Deportation geschützt waren.

Während slowakische Anti-Regierungskräfte einen Aufstand vorbereiteten, unternahmen die Deutschen einen Präventivschlag, um diese Vorbereitungen zu durchkreuzen und besetzten die Slowakei am 29. August 1944, was aber den Beginn des Aufstands nur beschleunigte, der noch am selben Tag ausbrach. Mit

[*] In: Desider David Fischer, Bunkerblätter. Konstanz 2017, p. 7-13.

der deutschen Besetzung der Slowakei begann die endgültige Liquidierung der verbliebenen Juden. Einige von ihnen fanden Zuflucht in Häusern und Bauernhöfen mutiger Slowakinnen und Slowaken, andere haben sich dem Aufstand angeschlossen und kämpften zusammen mit den Partisanen. Wieder andere wurden während der Aktionen der Gestapo und SS in ihren Verstecken festgenommen, unterstützt von der "Hlinka-Garde" und der "Freiwilligen Schutzstaffel", dem Freiwilligenkorps der Deutschen in der Slowakei. Von September 1944 bis April 1945 – der Zeit der Befreiung der Slowakei von der NS-Herrschaft – wurden mehr als 12.000 Juden deportiert. Am Ende des Zweiten Weltkriegs kehrten weniger als 4.000 Juden aus den Lagern zurück. Etwa 20.000 Jüdinnen und Juden überlebten den Holocaust in der Slowakei.

Die Familie Fischer

Julius Juda Fischer und seine Frau Henriette Jetti (geb. Ellinger) besaßen ein kleines Hotel und Restaurant im alten jüdischen Viertel von Bratislava, auch als Pressburg oder Pozsony bekannt. Dieses Haus diente als Treffpunkt für die jüdischen Einwohner der Stadt. Das Ehepaar Fischer hatte drei Kinder: Gisela Gisi (1892), Desider David Dezső (1894) und Gustav Géza Gerschon (1896).

Jetti und Julius Fischer gehörten zur orthodoxen Gemeinde, zeigten sich aber sehr offen für den modernen Lebensstil und die zeitgenössische Gedankenwelt. Als ihre Tochter und ihre zwei Söhne begannen, sich mit der zionistischen Idee – der nationalen Freiheitsbewegung der Jüdinnen und Juden – zu identifizieren, öffneten die Eltern die Tür ihres Hotels und Restaurants für die Zusammenkünfte dieser zionistischen Kreise. Julius Juda Fischer starb im Jahre 1936, Jetti Fischer 1945 (*Fotos S. 335 ff.*).

Gisi engagierte sich seit ihrer Jugend bei verschiedenen öffentlichen Aktionen der jüdischen Gemeinde in Bratislava. Sie heiratete den Warenimporteur Josef Fleischmann; das Ehepaar hatte zwei Töchter, Alice (Lizi) und Judith (Juzi): Juzi gelangte kurz vor Beginn des Zweiten Weltkriegs nach Eretz Israel (Palästina), Lizi kurz danach. Josef war krank und starb im Jahre 1942. Der krönende Abschluss von Gisis Arbeit waren ihre Aktivitäten während des Holocaust, als sie 1942–1944 an der Spitze der "Arbeitsgruppe" stand, die das Leben von Juden in der Slowakei und anderen Ländern zu retten versuchte. Gisi wurde im Oktober 1944 in Auschwitz ermordet. Ihre Töchter Lizi und Juzi starben in Israel (*Fotos S. 348 ff. u. 371)*).

Julius und Jetti Fischers jüngster Sohn Gustav, Doktor des Zivilrechts, war mit Lily Erdélyi verheiratet. Im September 1939, als er von seinem Büro auf dem Heimweg war, wurde er von antisemitischen Straßengangstern angegriffen und geschlagen, woran er einige Tage später verstarb. Seine Witwe Lily konnte sich mit seinem Tod nicht abfinden und nahm sich bald das Leben.

Desider David – mein Vater – beendete sein Medizinstudium im Jahre 1920 und war seit 1931 Chefarzt der Kinderabteilung des Jüdischen Krankenhauses in Bratislava. Im Jahre 1932 heiratete er Zerline Lily Perl, eine Klavierlehrerin. Ihr einziger Sohn Albert (Kosename Berti) Avraham Avri – also ich – wurde 1935 geboren (*Fotos S. 336 ff.*).

Lilys Mutter Fany Perl war Hausfrau und starb sehr jung im Jahre 1928; ihr Vater Albert Abraham, Optiker, starb 1931. Gustav Perl, Lily Fischers älterer Bruder, ein qualifizierter Augenoptiker, heiratete Maria (Ica, geb. Schwab), eine ungarische Katholikin. Sie lebten in Bratislava. Gustav starb im Jahre 1969, Ica 1989. Lilys jüngere Schwester Margit und ihr Ehemann Alexander Boschan konnten die Slowakei rechtzeitig vor Beginn des Zweiten Weltkriegs verlassen. Nach dem Krieg lebten sie in Israel, Frankreich und in Österreich; beide starben in Wien. Beide Ehepaare waren kinderlos (*Fotos S. 352 ff.*).

Während des Zweiten Weltkriegs und der Verfolgung der Juden in der Slowakei wurden dem Arzt Dr. Fischer und anderen jüdischen Ärzten strenge Beschränkungen auferlegt, aber aufgrund ihrer beruflichen Tätigkeit, die für die örtliche Bevölkerung lebenswichtig war, wurde ihm und seinen Kollegen erlaubt, weiter zu arbeiten. Sie und ihre engen Familienangehörigen waren vor der unmittelbaren Gefahr der Deportation vorläufig geschützt (*Foto S. 358*).

Die Lage änderte sich allerdings Ende August 1944 mit der deutschen Besetzung der Slowakei. Kurze Zeit später fanden David und Lily Fischer ein Versteck in der Nähe ihres Hauses, während ihr Sohn Albert Avraham Avri – also ich – mit falscher Identität bei nichtjüdischen Familien bleiben konnte. Nach der Befreiung Bratislavas durch die sowjetische Armee im April 1945 kehrten die Fischers in ihr Haus zurück.

Familie Fischer emigrierte im Jahre 1949 nach Israel. Dr. Fischer arbeitete als Kinderarzt auch während seines Ruhestandes; er starb im Jahre 1977. In seinem ganzen Leben hatte er neben seiner Tätigkeit als Arzt großes Interesse an einer breiten Palette von Themen. Familie Fischer genoss ein reiches gesellschaftliches und kulturelles Leben. Lily Fischer starb 1998 (*Fotos S. 365 ff.*).

Ihr Sohn Avri Fischer (also ich) lebt in Israel und ist Mitglied im Kibbuz Kfar Masaryk. Er und seine Frau Yardena haben einen Sohn und eine Tochter sowie sechs Enkelkinder (*Foto S. 368*).

Der Zufluchtsort

Der Begriff "Bunker" trifft eigentlich überhaupt nicht das, was das Versteck von Desider David und Lily Fischer, ihres Bruders Gustav Perl und des Ehepaars

Edith und Sanyi Steiner (*Freunde der Familie Fischer*) wirklich war. Es war kein befestigter unterirdischer Bau, im Gegenteil: Es handelte sich um eine baufällige Bretterbude, eine Hütte, einen Schuppen, worin die Eigentümer Holz, Kisten und anderes lagerten.

Wer waren die Besitzer dieser Hütte und wo stand sie? Die Eigentümer waren Graf Stefan Gyulai und Gräfin Elisabeth Gyulai, beide deutsche Staatsbürger in der Slowakei, die mit ihren Söhnen und ihrer Tochter in einer schönen Villa als direkte Nachbarn der Familien Fischer-Perl in einer grünen Gartenvorstadt von Bratislava lebten. Die beiden Grundstücke waren durch einen einfachen Drahtzaun von einander getrennt (*Fotos S. 343*).

In diesem Drahtzaun wurde nachträglich dadurch eine Öffnung "eingebaut", dass er am Boden an zwei Stellen eingeschnitten wurde, und wenn man diesen Teil des Zaunes hochzog, entstand eine Öffnung, die groß genug war, dass eine Person, die zur Hütte gelangen wollte, problemlos auf die andere Seite kriechen konnte (*Foto S. 360*).

Die luxuriöse Villa (ein Herrenhaus) der gräflichen Familie stand einige Meter höher als die Straße. Ein ziemlich großer Garten mit Rasenflächen, Blumen, Büschen und Bäumen erstreckte hinter dem Haus bergauf. Der von Büschen und Bäumen umschlossene Schuppen stand ganz oben am hinteren Ende des Gartens.

Die andere Villa, die der Perl-Fischer Familie gehörte, stand oben auf der höchsten Ebene des Grundstücks. Von der untersten Ebene des Gartens gleich bei der Straße führten – zwischen vielen Obstbäumen und Nadelbäumen – zwei Pfade bis zur obersten Ebene und zur Villa. Vor der Villa lagen schöne Blumenbeete.

Der Zaun verlief längs der Grundstücke.

"Bunker"	Fischer-Perl Villa
Garten	Garten
Graf Gyulais Herrenhaus	

Búdkova Straße

Es gibt keine Belege einer engeren Beziehung zwischen Familie Fischer-Perl und ihren gräflichen Nachbarn, aber aufgrund bestimmter Umstände, die in Lily Fischers Zusammenfassung der Ereignisse beschrieben wurden, haben sich persönliche Kontakte zwischen den Familien Gyulai und Fischer entwickelt. Als die Verfolgung der Juden in Bratislava intensiver wurde, boten Graf Stefan und Gräfin Elisabeth Gyulai ihren Nachbarn die Hütte am Rande ihres Gartens als mögliches Versteck an. Zwischen den Familien wurde vereinbart: Wenn das Versteck entdeckt sei, würden seine Bewohner bezeugen, dass sie die Hütte ohne Wissen ihrer Besitzer "besetzt" hätten, während das gräfliche Ehepaar erklären würde, dass sie nicht wussten, was in der Hütte am oberen Ende des Gartens geschah.

Die Lage der Hütte war entscheidend für das Überleben ihrer Bewohner. Dank der Nähe zur Fischer-Perl-Villa konnte Ica Perl *(die nichtjüdische Schwägerin)* etwa sieben Monate lang durch eine getarnte Öffnung im Zaun Lebensmittel und andere notwendige Güter für ihre in der Hütte versteckten Verwandten besorgen *(Fotos S. 353, 357, 364)*.

Der "Bunker", der weniger als 12 Quadratmeter groß war, hatte weder Strom noch Wasserversorgung oder Toilette. Das einfache Holzdach und die Wände waren nicht isoliert. Es ist wirklich schwer vorstellbar, wie die Insassen dieses "Bunkers" die harten Wintermonate 1944/45 überleben konnten.

Während der heftigen Schlacht um die Befreiung von Bratislava durch die Roten Armee war die Hütte schon am Rande des Zusammenbruchs und gefährdete so das Leben ihrer Bewohner. Während einer Nacht zogen sie mit Hilfe der Familie Gyulai in einen Betonbau neben einem unterirdischen Wasserspeicher in der Nähe der gräflichen Villa um. Sie wurden am 4. April 1945 befreit.

Das Tagebuch

Das Tagebuch, das mein Vater *Bunkerblätter* nannte, wurde ca. 60 Jahre nach seiner Niederschrift zufällig entdeckt. Als wir die Wohnung meiner verstorbenen Eltern auflösen mussten, hatte ich einiges in einem Lagerraum im Kibbuz Kfar Masaryk verstaut. Neben anderem lagerten hier unbekannterweise die *Bunkerblätter* in einem Koffer, den ich nie geöffnet hatte.

Anfang der 2000er Jahre beschloss die Kibbuzverwaltung, diesen Lagerraum abzureißen. Deshalb wurde mir meine dort gelagerte Habe übergeben. Als ich nun endlich den Koffer öffnete, entdeckte ich eine Mappe, die Hunderte von Seiten enthielt, alle von meinem Vater in deutscher Sprache handgeschrieben *(vgl. dazu S. 368)*, Blätter, die ich vorher noch nie gesehen hatte. Nachdem ich einige Seiten durchgelesen hatte, wusste ich, dass ich einen echten Schatz in meinen Händen hielt und dachte sofort, dass diese *Bunkerblätter* eines Tages vielleicht veröffentlicht werden könnten. Allerdings war mir damals nicht klar, wie das geschehen sollte.

Es stellte sich heraus, dass es mehrere Versionen dieses Tagebuchs gibt; sie sind fast identisch mit den authentischen, originalen Blättern, die im Versteck geschrieben wurden und sind allem Anschein nach Kopien, die nach dem Ende des Zweiten Weltkriegs neu geschrieben wurden. Dies deutet darauf hin, dass der Autor sich damals vielleicht schon Gedanken über eine mögliche Veröffentlichung machte.

Neben der Darstellung des tagtäglichen Lebens im Hütten-Versteck, geht der Autor öfters über die alltägliche Wirklichkeit hinaus in höhere Sphären – angefangen mit historisch-politisch-gesellschaftlichen Essays über die Interpre-tation gewisser Passagen der hebräischen Bibel bis hin zu Romanen, Novellen und Theaterstücken. Einige dieser Texte sind in der vorliegenden Ausgabe enthalten. Anscheinend war seine Versenkung in diese Themen – bewusst oder unbewusst – seine Methode, der nervenaufreibenden Wirklichkeit, den permanenten Sorgen und ständigen Ängsten zu entfliehen.

Warum hat mein Vater mich niemals informiert, dass ein solches Tagebuch existiert? Warum hat er während der vielen Jahre nichts getan und gesagt, damit auch andere Menschen davon wissen? Ich habe leider keine Antwort auf diese Fragen gefunden, deswegen kann ich nur vermuten, dass er vielleicht dachte, dieses Tagebuch habe in den verflossenen Jahren seine Bedeutung verloren. Vielleicht sagte er sich: "Lass es sein, es bringt sowieso nichts, in der Vergangenheit herumzuwühlen!" Oder er hat sich bewusst dafür entschieden, zu diesem Drama, das er damals erleben und erleiden musste, als er das Tagebuch schrieb, nie wieder zurückzukehren?

*

Nun ist die Zeit gekommen, die *Bunkerblätter* endlich zu veröffentlichen. In diesem Sinne möchte ich mich zuerst bei Professor Erhard Roy Wiehn bedanken. Bei unserem ersten Treffen in Haifa Anfang September 2016 war ich von seinem Enthusiasmus und seiner Bereitschaft, mit denen er die Veröffentlichung des Tagebuches meines Vaters in die Hand nahm, sofort beeindruckt. Als sich im Laufe der Zeit unsere Kommunikation und Zusammenarbeit vertiefte, lernte ich seinen Tiefsinn, seine außerordentliche und unermüdliche Hingabe kennen, mit dem er diese neue Herausforderung auf sich nahm. Ich lernte seine absolute Gründlichkeit zu schätzen, um jedem einzelnen Wort präzise nachzugehen, bis alles seinen höchsten Standards entsprach, die er sich selbst zum Ziel setzt. Um nur die Fußnoten als Beispiel zu nehmen: Sie repräsentieren seinen großen Wissensschatz und seine Verpflichtung, allem nachzugehen und aufzuklären, was

Namen, Orte, Geschehnisse und Zusammenhänge im ganzen Buch betrifft. Professor Wiehn ist auch eine große Bewegungskraft des Hartung-Gorre Verlags, das bezeugt die enorme Zahl der Bücher der Edition Schoáh & Judaica, die unter seiner Federführung publiziert wurden.

Mein Dank geht auch an Klara Strompf für ihre Arbeit der Digitalisierung des Manuskriptes und für ihre Übersetzungen. In unseren fast täglichen Kommunikation lernte ich sie als eine wahre Expertin für die Entschlüsselung von schwer lesbaren Handschriften kennen. Vielen Dank für ihren Einfallsreichtum, wie man für alles perfekte Lösungen finden kann.

Alles in allem in bin sehr glücklich und dankbar, dass das über 70 Jahre lang in einem alten Koffer ruheTagebuch meines Vaters unter der professionellen Betreuung von Professor Wiehn jetzt publiziert werden konnte.

Kfar Masaryk, im Dezember 2016[*]

Nachtrag

Trotz seiner politischen Philosophie in den *Bunkerblättern* hatte sich mein Vater Dr. med. D. David Fischer in Israel nie politisch engagiert; er identifizierte sich jedoch stark mit dem sozialistischen Zionismus und dessen Ziel des Aufbaus einer gerechten Gesellschaft. Seine Vorstellung von Sozialismus unterschied sich allerdings total von dem der Sowjetunion, und der Bruch kam bereits mit den Prager kommunistischen Schauprozessen Anfang der 1950er Jahre (*dazu S. 327, Fußnote *).

Nach dem Ende des Zweiten Weltkriegs verfügte die tschechoslowakische Regierung die Ausweisung aller Deutschen, darunter auch Familie Gyulai. Mein Vater versuchte bei den Behörden, für sie eine Ausnahme zu erwirken, weil sie Antifaschisten waren und Juden retteten, jedoch ohne Erfolg. Warum meine Eltern bei Yad Vashem (Jerusalem) nicht beantragt hatten, die Gyulais als "Gerechte unter den Völkern" zu ehren, entzieht sich meiner Kenntnis; inzwischen habe ich das erfolgreich nachgeholt.

Meine Tante Maria Ica Perl lebte mit ihrem Mann Gustav (Gusti) Perl bis 1969 und auch nach seinem Tod bis 1989 in Bratislava; ihre Ehrung durch Yad Vashem war ausgeschlossen, weil sie eigene Familienangehörige retten half. Diese Regelung hat sich inzwischen geändert, weshalb ich einen Antrag auf Anerkennung Icas als "Gerechte unter den Völkern" stellte. Die Zeremonie ihrer Anerkennung fand am 4. November 2018 in Yad Vashem (Jerusalem) statt.[**]

Was meine Geschichte im Versteck betrifft, so lebte ich zuerst tagsüber in Bratislava bei einer Familie Činčura, nachts schlief ich bei dreie Nachbarn namens Chovan. Nach einem gefährlichen Zusammentreffen mit zwei SS-Män-nern brachte mich meine Tante Maria Ica Perl für etwa drei Monate zur Volksdeutschen-Familie H., mit der ich im Januar 1945 auf einen Bauernhof ca. 30 km nördlich von Bratislava zog, wo mich meine Eltern im April 1945 abholten. Dass Herr H. eine Wehrmachtsuniform trug, gab der Geschichte einen besonderen Geschmack. Für diese Familie wurde keine Ehrung durch Yad Vashem beantragt, weil deren Sohn mich täglich verprügelte und mir drohte, mich der SS auszuliefern, sollte ich mich bei seinen Eltern beklagen. Mein gefälschter Name war František ("Ferko") Falada: Mutters Idee, denn sie kannte den Namen des deutschen Schriftstellers Hans Fallada (1893–1947), der im Slowakischen "neutral" klingt.

Avri Fischer, 15. Januar 2017 – 17. Oktober 2019

---

[*] Avri Fischer ist der Sohn des Autors Dr. med. Desider David Fischer; siehe Seite 369.

[**] Dazu; Erhard Roy Wiehn, AusLese II – Jahrestagebucharchiv 2018/19. Konstanz 2019, S. 700-707.

20. Oktober, 1944

Fünf Menschen verschiedensten Charakters, Art und Wesens ~~taten~~ fanden sich in einer Hütte. Zwei von ihnen sind überall Gespenster sehende Angstneurotiker, der dritte ist nervös durch die Angstneurose der beiden; der vierte Insasse ist ein an der Oberfläche haftender, real denkender Mensch, mit dem ständigen Bestreben, die oft genug manifest werdenden Gegensätze zu überbrücken; die fünfte Person zeichnet der staunende Blick des ewigen Kindes aus, das sich ständig fragt, was haben denn die übrigen?

Diese armen Menschen kettet Schicksalsgemeinschaft zusammen. Man quält sich einander, ohne dass man ~~die~~ die ewig bohrende Frage beantworten könn- Voch te, wofür all diese Pein? Man klammert sich an dem Leben, das man eigentlich schäbig weiss. Man verhält sich mit grösster Selbstbeherrschung still; man vermeidet alle akustischen Äusserungen, die ja oft physiologisch bedingt sind, «Nicht huste und wenn Du Dich nicht beherrschen kannst, dann tue es ins Ta-

Original document: page 1 of the *Bunkerblätter*

Erhard Roy Wiehn[*]

Bunkerblätter als Tröster in der Not und Blitzableiter[5]
Der Blick in eine lichtere Zukunft
Ein jüdisches Hüttenversteck-Tagebuch aus Bratislava 1944/45

1. Jüdisches Leben und Leiden in der Slowakei

Juden lebten in der Slowakei seit römischer Zeit.[6] Bis 1918 gehörte die Slowakei zur österreichisch-ungarischen Monarchie, dann zur tschechoslowakischen Republik. Im Jahre 1930 gab es knapp 136.000 Juden in der Slowakei, und zwar hauptsächlich im Osten des Landes. Seit dem 14. März 1939 war die Slowakei ein faschistischer Vasallenstaat des Deutschen Reiches mit dem katholischen Priester und Prälaten Dr. Jozef Tiso als "Vodca" ("Führer").[7]

Für die Juden in der Slowakei wurde es gefährlich spätestens seit 1938.[8] Bald folgt eine judenfeindliche Maßnahme auf die andere, wie bereits im Deutschen Reich erprobt: Rassengesetze, Berufsverbote, "Arisierungen" (Enteignungen!), Beschränkungen, Verbote, Stigmatisierung durch den gelben "Judenstern", usw, usf. Mit dem Überfall der deutschen Wehrmacht auf die Sowjetunion am 22. Juni 1941 verschärfte sich die Situation, im März 1942 wurde das Todesurteil über die noch verbliebenen ca. 90.000 Juden in der Slowakei gesprochen.

Um Mitternacht des 25. März 1942 wurde zum ersten Transport befohlen, am 27. März 1942 fuhren die ersten Opfer nach Polen, und bis Mai 1942 war bereits ein Drittel der jüdischen Bevölkerung deportiert, bis Jahresende ca. 65.000 Menschen. Durch massive Bestechung des zuständigen SS-Offiziers Dieter Wisliceny[9] wurden die Deportationen zunächst ausgesetzt. Bis März 1944 konnten ca. 10.000 jüdische Menschen nach Ungarn fliehen.

Im Zusammenhang des bevorstehenden slowakischen Nationalaufstandes[10] wurde die Slowakei Ende August 1944 "präventiv" von den Deutschen besetzt.

[*] In: Desider David Fischer, Bunkerblätter. Konstanz 2017, p. 329-334.

[5] 7. April 1945, hier S. 317 u. 319.

[6] Dazu Eberhard Jäckel et al. (Hg.), Enzyklopädie des Holocaust. München 1995, Band III, S. 1322 ff.; http://de.wikipedia.org/wiki/Geschichte_der_Juden_in_der_Slowakei

[7] Dr. Jozef Tiso (1887–1947), hingerichtet durch den Strang; dazu Eberhard Jäckel et al. (Hg.), a.a.O., S, 1410 f.; http://de.wikipedia.org/wiki/Jozef_Tiso

[8] http://www.zukunft-braucht-erinnerung.de/die-slowakischen-juden-im-zweiten-weltkrieg/

[9] Dieter Wisliceny (1911–1948), SS-Hauptsturmführer, 1940–1944 "Beauftragter für jüdische Angelegenheiten in der Slowakei, Ungarn und Griechenland; am 4. Mai 1948 in Bratislava hingerichtet"; https://de.wikipedia.org/wiki/Dieter_Wisliceny

[10] https://de.wikipedia.org/wiki/Slowakischer_Nationalaufstand

Der Aufstand[11] war Ende Oktober 1944 niedergeschlagen, die Slowakei eine Art NS-Protektorat, weitere über 13.000 Juden wurden deportiert, darunter auch solche, die als Spezialisten bislang verschont geblieben waren. Ca. 4.000 bis 5.000 Menschen konnten sich verstecken. Die Gesamtverluste des slowakischen jüdischen Bevölkerung werden auf 100.000 Menschen geschätzt, 25.000 –30.000 überlebten die Schoáh.[12] Seit Anfang 1993 gibt es diplomatische Beziehungen zwischen Israel und der Slowakei.[13]

2. Zum Überleben der Familie Fischer

Dr. med. Desider David Dezső Fischer (geb. 1894) war seit 1931 Chefarzt der Kinderabteilung des jüdischen Krankenhauses in Bratislava und hatte weit über die Medizin hinausgehende historische, philosophische und politische Interessen. Seine Eltern Julius Juda Fischer und dessen Frau Jetti (geb. Ellinger) gehörten zur orthodoxen Gemeinde, waren aber der Zeit gegenüber aufgeschlossen; sie betrieben im alten jüdischen Viertel von Bratislava ein kleines Hotel mit koscherem Restaurant, wo sich Jüdinnen und Juden und später auch junge Zionistinnen und Zionisten aus Bratislava trafen (Fotos S. 335, 346, 348,356).

Dr. Fischers ältere Schwester Gisela (Gisi, geb. 1892) engagierte sich in der jüdischen Gemeinde, wurde Zionistin, versuchte später, mit weiteren Aktivisten jüdisches Leben zu retten, wurde am 28. September 1944 verhaftet, und weil sie sich im KZ Sered[14] weigerte, andere zu verraten, wurde sie im Oktober 1944 in Auschwitz-Birkenau ermordet.[15] Der jüngere Bruder Gustav Geza Gerschon war promovierter Jurist, wurde von antisemitischen Rabauken in Bratislava auf offener Straße zusammengeschlagen, woran er wenige Tage später im September 1939 verstarb (dazu Hinweis Avri Fischers auf Zeuge Abeles im Eichmann-Prozess 1961); Dr. Gustav Fischers Witwe nahm sich bald das Leben (Fotos S. 347, 348).

Dr. Fischers Frau Lily (geb. Perl) war Klavierlehrerin, ihr einziger Sohn Albert (Berti) Avraham Avri wurde 1935 geboren. Die Perl-Familie war gut situ-

[11] Edith Ernst-Drori, Des Lebensrechts beraubt – Drei Jahre im Untergrund. Jüdische Schicksale in der Slowakei 1942–1945. Konstanz 2000; Edith Ernst-Drori, Die Jahre danach – Nach Kriegsjahren im slowakischen Untergrund und der ersten Nachkriegszeit in der Slowakei ein erfülltes Familienleben mit eigener Farm in Israel u. ein Lebensabend in drei Heimaten. Konstanz 2009.

[12] http://www.yadvashem.org/yv/de/holocaust/about/09/balkans.asp

[13] Dazu: Yoel Sher, Zum Frieden unterwegs – Botschaften eines israelischen Botschafters in Österreich, der Slowakei u. Slowenien 1995–1998. Konstanz 1998.

[14] http://www.furststory.com/German/WarSered.html

[15] https://de.wikipedia.org/wiki/Gisi_Fleischmann

iert und lebte in einer komfortablen Villa in einer Gartenvorstadt von Bratislava. Lilys Vater Albert Abraham Perl war Optiker, die Mutter Fany Hausfrau, ihr älterer Bruder Gustav Perl war ebenfalls Optiker, heiratete Maria (Ica), eine ungarische Katholikin, die später für einen Teil der Familie eine überlebenswichtige Rolle spielte. Lilys jüngere Schwester Margit und ihr Mann hatten die Slowakei rechtzeitig verlassen können (Fotos S. 355, 352ff.).

Dr. med. Desider David Fischer und seine Familie waren durch seinen ärztlichen Beruf einige Zeit relativ geschützt, mußten dann aber nach der deutschen Besetzung der Slowakei Ende August 1944 untertauchen, was ihnen zusammen mit Lilys Bruder Gustav (Gusti) Perl[16] und dem befreundeten Ehepaar Edith und Sanyi Steiner gelang, und zwar in einer Gartenhütte, "Bunker" oder "Bude" genannt, auf dem Grundstück von Fischers deutschen gräflichen Nachbarn Stefan und Elisabeth Gyulai. Der neunjährige Sohn Berti (Avri) wurde mit gefälschter Identität bei christlichen Familien untergebracht. Das "Budenleben" der "Fünfsamkeit" begann am 4. September 1944 (so am 07. 12.1944 in den *Bunkerblättern* vermerkt) (Fotos S. 343, 369).

Beim Versteck der Untergetauchten handelte sich um eine etwa 12 qm klei-ne, nicht isolierte Hütte, ohne Toilette und ohne fließendes Wasser, in der die fünf versteckten Menschen durch Lilys Schwägerin Maria (Ica) Perl über etwa sieben Monate mit dem Lebensnotwendigsten versorgt und wohl nur dadurch gerettet wurden (Foto S. 353, 357, 364). Besonders schlimm war der Winter 1944/45, da die Hütte nur kurzzeitig durch eine Petroleumflamme geheizt werden konnte. Das menschliche Miteinanderauskommen auf kleinstem Raum dürfte überhaupt nur mit enormer Disziplin und Toleranz möglich gewesen sein, abgesehen von der permanenten Todesgefahr, entdeckt zu werden.

3. MUDr. D. David Fischers Bunkerblätter

In dieser Situation begann Dr. Fischer seine *Bunkerblätter*-Tagebuch am 20. Oktober 1944, worin er nun das schwierige Alltagsleben im Hüttenversteck in seiner "Budenhistorie" (15.01.1945) beschreibt,[17] die tausend Sorgen und Nöte, die

---

[16] Gustav (Gusti) Perl verließ am 10. Dezember 1944 die Gartenhütte, um seiner Frau Ica beizustehen, wurde kurz vor Kriegsende von der Gestapo gefaßt, nach Theresienstadt verbracht, überlebte, kam im Mai 1945 zurück und verstarb 1969. (Avri Fischer, 04.01.2017)

[17] Personenbeschreibung der "Budengesellschaft", bzw. der "Fünfsamkeit" ((10.12.); 20.10. 1944); Tagesablauf u. die Arbeit der Frauen (31.10, 03.11., 10.11.); Kartenspiel (12.11.); beschwerliche Versorgung; Lebensbedingungen im "Bunker" u. Wasserproblem (17.11.); Frost (03.12., 15.12. etc.); Budenleben (06.12.1944): Angst S. 17, 32 ff., 83 ff., 128 ff. 154, 172, 261, 313, 322 ff., etc.; Konflikte S. 17, 21, 27, 35, 139, 255, 313, 315, 317, etc.; Durchhalten S. 16, 131, 139, 295, 316, etc. – In berührender Weise werden übrigens auch seine Mutter (S. 128 f. etc.), sein Vater (S. 40 f., 125), sein durch Faschisten getöteter Bruder Gustav (05. 12.1944) (S. 125, 131) und seine Schwester Gisi erwähnt (06.12.1044) (S. 129 ff., 261, 316).

totale Ausweglosigkeit, welche jedoch niemals in Hoffnungslosigkeit um-
schlägt: "Über diese Blätter ergiesst sich mein Herzblut." (05.12.; 06. u. 27.11.;
10.12.1944). All das wird in vielen langen Tagebucheinträgen dann aber völlig
ausgeblendet, wenn der Autor immer wieder weite historische, lite-rarische, philosophische, politische und biblische Exkursionen unternimmt,[18] die ihn alles in
allem als eine Art bekennenden romantischen Sozialisten aus-weisen, vermut-
lich um der allzu trostlosen Gegenwart wenigstens für eine Weile zu entfliehen.
Gegen Ende beschäftigt sich der Autor vor allem mit dem 1. Buch Mose und
darin mit der Schöpfungsgeschichte, mit Kain und Abel, mit dem Turmbau zu
Babel, mit den Urvätern und Urmüttern und zuletzt mit Joseph und der Versöh-
nung mit seinen Brüdern in Ägypten (02.04.1945).[19]

*

Am 23. Oktober (1944) schreibt Dr. Fischer: *"Das auf Faustrecht, Vergewal-
tigung basierende 'Neue Europa', das auf Grund der herrlich ethischen Devise
'Macht geht vor Recht' die europäische Menschheit dem Untergange zuführt, hat
uns, fünf Juden, in diese Hütte zusammengedrängt. (...) Und ausserdem darf
nicht vergessen werden, dass wir jetzt im Kriege sind, und es ist allzusehr ver-
ständlich, dass wir den Untergang und die Vernichtung unseres Feindes wün-
schen und eben deshalb am Leben bleiben wollen, um diesen seinen Unter-gang
zu erleben. (...) Wir wollen aber dabei auch unsere Nervenkräfte nicht verzeh-
ren, denn wir erwarten eine bessere Zukunft. Aber nicht für uns allein, sondern
auch für die so schwer geprüfte Judenheit und auch die Menschheit im allge-
meinen."* 28. Oktober 1944: *"Den Mut zum Leben schöpfen wir aus der Hoffnung, dass nicht umsonst alle Opfer gebracht wurden und werden, denn dem
blutgedüngten Boden wird letzten Endes dennoch ein besseres Menschen-tum
entspriessen."* 11. November 1944: *"Kultur ist die Verinnerlichung des zivilisa-
torisch gesicherten Lebens; in unserem Hüttenleben: das friedliche, von Gegen-
seitigkeit und Verantwortlichkeitsgefühl getragene Zusammenleben."* 6. Dezember 1944: *"Aber wir müssen durchhalten! Ich will mit meiner Frau und Kind,
gemeinsam mit Mutter und Schwester den Sieg der Gerechtigkeit, den Zusam-
menbruch satanischer Zerstörungswut und Grausamkeit erleben."* 13. Dezember
1944: *"Wir schreiten trotz allem einer gerechten Gesellschaftsordnung entge-
gen. Vielleicht wird dazu noch eine Entwicklung von vielen Jahrtausenden not-
wendig sein, aber unser Schicksal zu gestalten liegt in unserer Hand und daher
kann das Entwicklungstempo auch beschleunigt werden."* 14. Januar 1945: *"Und*

---

[18] Z.B. 08.11., 27.11., 28.11., 02.12., 04.12., 13.12.1944.

[19] Und "Ich hoffe, noch in fernerer Zukunft mich mit der Bibel so intensiv beschäftigen zu
können, wie ich es in den letzten Tagen getan habe." (07.04.1945)

55

diese Hoffnung, dass die Menschheit, wenn auch gehemmt, doch immer fortschreitet, ist mir hier in dem Bunker eine wichtige Stütze. Die-sen meinen Optimismus will ich meinem Jungen (Berti Avri) *mitteilen, dass er nicht das Leben nur von der Froschperspektive aus betrachte, sondern den Sinn seines Lebens im Dienst für die Gemeinschaft finde."* 7. April 1945: *"Wir hielten stand, weil wir in der Erwartung einer besseren Zukunft unsere Rücken steiften. Der dumpfe Selbsterhaltungstrieb mag für viele unserer Schicksals- und Leidens-genossen gelten, aber in unserer kleinen Gemeinschaft – dies darf ich nach-träglich feststellen – war der Blick in eine lichtere Zukunft ein wesent-licher Antrieb zum Durchhalten. Und dass wir durchgehalten haben, ist aber nicht allein so sehr an uns gelegen, sondern in erster Linie an einigen edlen arischen Freunden, die unbekümmert um die Gefahren uns zu jeder Zeit hilf-reich zur Seite standen. (...) Sie sind in meinen Augen die grössten Helden. (...). Um dieser Liebe willen, die im Laufe der Geschichte schon so vielen Tau-senden das Leben gerettet hat, sei der Menschheit endlich einmal eine bessere Zukunft gesichert. – Mit diesem heiligen Wunsche schliesse ich diese Bunker-blätter, die mir Tröster in der Not und Blitzableiter meiner nervösen Spannun-gen waren."* (Vgl. S. 46 ff., 76 ff., 83, 116 f., 122 f., 140, 259, 317, etc.)

*

Da die Hütte mit Literatur versorgt war (22.10.1944), gab es Lesestunden, und Dr. Fischer hat wohl besonders viel konsumiert (18.12.44) (sogar Karl May, S. 172, u. "Macht und Geheimnis der Jesuiten", S.253 f.!); jedenfalls kann man über sein enormes und vielseitiges Wissen nur staunen und nicht zuletzt sein Deutsch (incl. Thomas-Mann-Sätzen) bewundern. Er hat in seinen *Bunkerblät-tern* viel zitiert, und soweit möglich, wurden die meisten Zitate überprüft, wobei sich herausstellte, daß diese teils zumeist genau stimmen, teils nur geringfügig vom Original abweichen.[20] – Interessanterweise gibt es in den Dr. Fischers *Bun-kerblättern* folgende fünf Einschübe, in denen der Autor schriftstellerische Am-bitionen zeigt: skurriles *"Eheglück"* in sechs Szenen (18.11.44); *"Das Le-ben eines Kleinbürgers"*, der sich zum Nazi entwickelt und seinen eigenen Tod fin-det, in neun Kapiteln (21./25.11.44); der fiktive polit-philosophi-sche Dialog eines Marxisten mit einem Polizeibeamten (30.11.44); eine todtraurige *"Schüler-tragödie"* (30.11.44) sowie ein starker, sehr persönlicher Tagebuch-Brief zum 10. Geburtstag seines Sohnes Berti (Avri, 12.01.1945).

---

[20] Besonders hatte es ihm der englische Schriftsteller Herbert George Wells (1866–1946) mit seiner Schrift *Die Geschichte unserer Welt* (1922/26) angetan, woraus er wohl am meisten zitiert; diese Zitate konnten leider nicht geprüft werden.

Die Hüttenbewohner müssen ihre Hütte am 2. April 1945 räumen und in einem leeren Beton-Wasserreservoir noch zwei Tage in Angst und Schrecken ausharren, weil die Kriegshandlungen bereits in Bratislava toben, bis sie am 4. April 1945 endlich befreit sind, drei Tage danach endet das Tagebuch am 7. April 1945, genau sieben Monate nach dem Beginn des Lebens und Leidens im Hüttenversteck von Bratislava, wozu der Brief Lily Fischers, der Frau des Autors, noch etliche Details beiträgt, die in den *Bunkerblättern* selbst nicht vorkommen (S. 320 ff.). – Als Herausgeber habe ich diese einzigartigen *Bunkerblätter* sehr gern in unsere Edition Schoáh & Judaica im Hartung-Gorre Verlag (Konstanz) aufgenommen, und zwar einerseits, weil ich seit 1968 öfter in Bratislava und der Slowakei weilte, um in den damaligen schwierigen Zeiten der sowjetischen Okkupation Universitäts-Kollegen als gute Freunde in Bratislava nicht nur moralisch zu unterstützen,[21] andererseits und vor allem weil diese Publikation das jüdische Slowakei-Mosaik[22] unserer Edition vorzüglich ergänzt und wesentlich bereichert (S. 369 f.).

Deshalb ist MUDr. D. David Fischer posthum sehr herzlich für sein weitsichtiges Hüttenversteck-Tagebuch zu danken und seinem Sohn Avri Fi-scher[23] dafür, daß er uns diese *Bunkerblätter* anvertraut hat. Herzlicher Dank gebührt sodann Klara Strompf (Frankfurt/M.), die einen Berg oftmals schwer leserlicher Handschriften (Fotos S. 244 f. u. 318 f.) genial entziffert und mit hohem Arbeitstempo in den Computer übertragen hat. Herzlichster Dank geht an die Prager Freunde Pavel Chabr und Heinz Moll für ihr akribisch-ergie-biges, völlig selbstloses Lektorat. Dankbar denken wir nicht zuletzt auch an unsere liebenswürdige Freundin Lili Chuwis Thau (Haifa),[24] durch die Avri Fischer an uns gelangte. – Möge auch hier das Motto unserer Edition gelten: Was aufgeschrieben, veröffentlicht und in etlichen Bibliotheken der Welt aufgehoben ist, wird vielleicht nicht so schnell vergessen, damit hoffentlich daraus gelernt werden kann, hier insbesondere aus der einzigartigen jüdischen Philosophie der Hoffnung. – 12./22. Januar 2017

---

[21] Siehe Erhard Roy Wiehn, MenschWerden – Dem Leben seinen Sinn geben. Erinnerungen 1937–2012. Konstanz 2012, S. 246.

[22] Eine ähnliche jüdische Überlebensgeschichte in der Slowakei kennen wir von Noah Stern, "Gott hat uns den Weg gezeigt" – Als Zehnjähriger die Schoáh in der Slowakei überlebt. Jüdische Schicksale im 20. Jahrhundert. Konstanz (Juli/August) 2013.

[23] Avri Fischer und seine Frau Yardena traf ich erstmals am 10. September 2016 in Haifa zu einem Arbeitsgespräch über das *Bunkerblätter*-Buchprojekt, und das war ein gelungener Auftakt unserer Zusammenarbeit.

[24] Lili Chuwis Thau, Versuche zu überleben – Die Geschichte einer jüdischen Familie unter NS-Herrschaft in Lemberg und Galizien. Konstanz 2016.

Edition Schoáh & Judaica / Jewish Studies – seit / since 1984
von / by Prof. (em.) Erhard Roy Wiehn, Universität Konstanz
Hartung-Gorre Verlag / Publishers, Konstanz, Germany
Titel 10/2019 http://www.uni-konstanz.de/soziologie/judaica

Jüdisches Leben und Leiden in der Slowakei

Edith Ernst-Drori, Des Lebensrechts beraubt – Drei Jahre im Untergrund. Jüdische Schicksale in der Slowakei 1942–1945. Konstanz 2000, 216 Seiten. ISBN 3-89649-529-1

Edith Drori, Die Jahre danach – Nach Kriegsjahren im slowakischen Untergrund und der ersten Nachkriegszeit in der Slowakei ein erfülltes Familienleben mit eigener Farm in Israel und ein Lebensabend in drei Heimaten. Konstanz 2009, 124 Seiten. ISBN 3-86628-256-7 u. 978-3-86628-256-8

Desider David Fischer, Bunkerblätter – Ein Tagebuch im Hüttenversteck 1944/45. Jüdische Schicksale im 20. Jahrhundert in der Slowakei. Konstanz 2017, 371 Seiten, Fotos u. Dokumente. ISBN 978-3-86628-584-2 u. 3-86628-584-1

Gabriel Groszman, Jüdische Familiengeschichten in der Slowakei – Prosperität, Verfolgung und überleben 1849-2017. Konstanz 2017, 207 Seiten, Bilder u. Dokumente. ISBN 3.86628-587-6 u. 978-3-86628-597-3

Paul Jakov Hronec, Der Flüchtling – Nach schöner Kindheit in der Slowakei Jahre dortiger Verfolgung, Überleben in Ungarn und Befreiung in der Slowakei. Jüdische Schicksale 1927–1945. Konstanz 2009; 143 Seiten. ISBN 3-86628-274-5 u. 978-3-86628-274-2

Haya Meiri-Minerbi, Juden in Kesmark und Umgebung zur Zeit der Schoáh – Jüdisches Leben und Leiden in der Slowakei. Konstanz 2002, 43 Seiten. ISBN 3-89649-811-8

Eitan Porat, Stimme der toten Kinder – Von den Karpaten durch Auschwitz, Nordhausen und Bergen-Belsen nach Israel 1928–1996. Konstanz 1996, 88 Seiten. ISBN 3-89649-056-7

Eitan Porat, Voice of the dead children – From the Carpathian Mountains via Auschwitz and Bergen-Belsen to Israel 1928–1996 (englisch von James Stuart Brice u. hebräisch). Konstanz 1997, 92/63 (155) Seiten/pages. ISBN 3-89649-123-7: **Vergriffen! – Out of stock!**

Harold Saunders, Zeugnis geben – Von Bratislava durch Auschwitz-Birkenau ins Lager Gleiwitz I und zurück 1938–1945. Konstanz 2001, 120 Seiten. ISBN 3-89649-676-X

Yoel Sher, Zum Frieden unterwegs – Botschaften eines israelischen Botschafters in Österreich, der Slowakei u. Slowenien 1995–1998. Konstanz 1998, 108 S. ISBN 3-89649-263-2

Noah Stern, "Gott hat uns den Weg gezeigt" – Als Zehnjähriger die Schoáh in der Slowakei überlebt. Jüdische Schicksale im 20. Jahrhundert. Konstanz (Juli/August) 2013, 106 Seiten, Fotos und Zeichnungen. ISBN 978-3-86628-472-2 u. 3-86628-472-1

Erhard Roy Wiehn (Hg.), Jüdisches Überlebenstagebuch mit Spätfolgen – Vom Bunkerblätter-Tagebuch aus Bratislava 1944/45 zur Baumpflanzung im Kibbutz Kfar Masaryk 2017 bis zur Buchvorstellung in Bratislava 2017. Konstanz 2018, 56 Seiten, Fotos. ISBN 978-3-86628-615-3 u. 3-86628-615-5

Jüdisches Leben und Leiden in Tschechien

Peter Erben, Auf eigenen Spuren – Von Mährisch Ostrau über Brünn durch Theresienstadt nach Auschwitz, Mauthausen, Gusen III und zurück nach Israel. Konstanz 2001, 133 Seiten. ISBN 3-89649-677-8

Ruth Felix, Diese Hölle überlebt – Ein jüdisches Familienschicksal aus Mähren 1924–1994. Konstanz 1995, 110 Seiten. ISBN 3-89191-950-6 (auch Tschechisch)

58

Eduard Goldstücker, Die russische Revolution – Hoffnung und Enttäuschung. Konstanz 2001, 43 Seiten. ISBN 3-89649-698-0

Heinz J. Herrmann, Mein Kampf gegen die Endlösung – Von Troppau und Proßnitz durch Theresienstadt, Auschwitz-Birkenau und Dachau nach Israel. Konstanz 2002, 124 Seiten. ISBN 3-89649-758-8

Petr Hlaváček & Dušan Radovanovicč, Verdrängte Elite – Aus dem Gedächtnis verbannte Gelehrte der Deutschen Universität in Prag. Aus dem Tschechischen von Pavel Chabr. Konstanz 2013, 105 Seiten, viele Fotos. ISBN 978-3-86628-482-1 u. 3-86628-482-9

Hans Munk, Theresienstadt in Bildern und Reimen. Kommentiert von Jehuda Manor alias Peter Munk. (43 Aquarelle, viele Fotos) Konstanz 2004, 195 Seiten. ISBN 3-89649-920-3

Miloš Pick, Verstehen und nicht vergessen – Durch Theresienstadt, Auschwitz und Buchenwald-Meuselwitz. Jüdische Schicksale in Böhmen 1939–1945. Konstanz 2000, 90 Seiten. ISBN 3-89649-544-5

Jarmila Potůčková-Taussigová, Die Taussigs – Jüdische Familien- und Leidensgeschichte in Böhmen und Mähren 1909–1989. Konstanz 2000, 58 Seiten. ISBN 3-89649-543-7

Helena Srubar, Eine schreckliche Zeit – Tschechisch-jüdische Überlebensgeschichten. Konstanz 2001, 180 Seiten. ISBN 3-89649-719-7

Pavel Stránský, Als Boten der Opfer – Von Prag durch Theresienstadt, Auschwitz, Schwarzheide und zurück. Tschechisch-jüdische Schicksale 1939–1997. Konstanz 1997, 51 Seiten. ISBN 3-89649-683-2: **Vergriffen! – Out of stock!**

Jan Wiener, Immer gegen den Strom – Ein jüdisches Überlebensschicksal aus Prag 1939–1950. Konstanz 1992, 144 Seiten. ISBN 3-89191-571-3

Zu beziehen bei / can be ordered from:
Verlagsbuchhandlung Hartung-Gorre
D-78465 Konstanz, Germany – Telefon +49 (0)7533/97227 – Fax 97228
E-mail: Hartung.Gorre@t-online.de & verlag@hartung-gorre.de
oder durch den Buchhandel/or at your book shop or by internet!
http://www.hartung-gorre.de

Dr. Drs. h.c. Erhard Roy Wiehn, M.A.

Professor (em.) im Fachbereich Geschichte und Soziologie der Universität Konstanz; Veröffentlichungen vor allem zur Schoah & Judaica:

www.uni-konstanz.de/soziologie/judaica

https://de.wikipedia.org/wiki/Erhard_Roy_Wiehn